NOUVEAU THEATRE DE LA FOIRE,

OU RECUEIL

De Pieces, Parodies & Opera-Comiques;

Représentés sur le Theâtre de l'Opera-Comique, depuis son rétablissement jusqu'à présent. Année 1761.

Avec les Airs, Rondes & Vaudevilles notés.

NOUVELLE ÉDITION.

TOME CINQUIÉME.

A PARIS,

Chez DUCHESNE, Libraire, rue Saint Jacques, au-dessous de la Fontaine Saint Benoît, au Temple du Goût.

M. DCC. LXIII.

Avec Approbation & Privilége du Roi.

TABLE

Des PIECES *contenues dans ce cinquieme Volume du Théâtre de la Foire.*

APPROBATION.

J'AI lû par ordre de Monseigneur le Chancelier, *le Nouveau Théâtre de la Foire*, & je crois qu'on peut en permettre la réimpression. A Paris le premier Mai 1762. MARIN.

PRIVILEGE DU ROI.

LOUIS, PAR LA GRACE DE DIEU, ROI DE FRANCE ET DE NAVARRE: A nos amés & féaux Conseillers les Gens tenans nos Cours de Parlement, Maitres des Requêtes ordinaires de notre Hôtel, Grand Conseil, Prévôt de Paris, Baillifs, Senéchaux, leurs Lieutenans Civils & autres nos Justiciers qu'il appartiendra, SALUT: Notre amé NICOLAS-BONAVENTURE DUCHESNE, Libraire, Nous a fait exposer qu'il desireroit imprimer & donner au Public des Ouvrages qui ont pour titres: *Les Oeuvres de Rotrou*; *Théâtre de Romagnesi & Riccoboni*; *Théâtre de l'Affichard*; *Nouveau Théâtre François & Italien*, *Nouveau Théâtre de la Foire*; *Choix de differentes Pieces de Théâtre tant des François que des Italiens*, S'il Nous plaisoit lui accorder nos Lettres de Permission pour ce nécessaires: A CES CAUSES, voulant favorablement traiter l'Exposant, Nous lui avons permis & permettons, par ces Présentes, de faire imprimer lesdits Ouvrages autant de fois que bon lui semblera, & de les vendre, faire vendre & débiter par tout notre Royaume pendant le tems de trois années consécutives, à compter du jour de la date des Présentes: Faisons défenses à tous Imprimeurs, Libraires & autres personnes de quelque qualité & condition qu'elles soient, d'en introduire d'impression étrangère dans aucun lieu de notre obéissance; à la charge que ces Présentes seront enregistrées tout au long sur le Registre de la Communauté des Imprimeurs & Libraires de Paris, dans trois mois de la date d'icelles, que l'impression desdits Ouvrages sera faite dans notre Royaume & non ailleurs, en bon papier & beaux caractères, conformément à la feuille imprimée, attachée pour modéle sous le contrescel des Présentes; que l'Impétrant se conformera en tout aux Reglemens de la Librairie, & notamment à celui du 10 Avril 1725, qu'avant de les exposer en vente, les Manuscrits & Imprimés qui auront servi de copie à l'impression desdits Ouvrages seront remis dans le même état où l'approbation y aura été donnée ès mains de notre très-cher & féal Chevalier, Chancelier de France, le Sieur Delamoignon; & qu'il en sera ensuite remis deux Exemplaires de chacun dans notre Bibliothéque publique, un dans celle de notre Château du Louvre, un dans celle de notredit très-cher & féal Chevalier Garde des Sceaux de France, le Sieur Feydeau de Brou; le tout à peine de nullité des Présentes; du contenu desquelles, vous mandons & enjoignons de faire jouir ledit Exposant & ses ayans causes, pleinement & paisiblement sans souffrir qu'il leur soit fait aucun trouble ou empêchement. Voulons que la copie des Présentes, qui sera imprimée tout au long au commencement ou à la fin desdits Ouvrages, foi soit ajoutée comme à l'Original. Commandons au premier notre Huissier ou Sergent sur ce requis, de faire pour l'exécution d'icelles, tous Actes requis & nécessaires, sans demander autre permission, & nonobstant clameur de haro, Charte Normande & Lettres à ce contraires. CAR TEL EST NOTRE PLAISIR. Donné à Paris le cinquiéme jour du mois d'Octobre, l'an de grace 1762, & de notre regne le quarante-huitiéme. Par le Roi en son Conseil. LE BEGUE.

Registré sur le Registre vingt-cinq de la Chambre Royale des Libraires & Imprimeurs de Paris, N°. 791, *fol.* 342, *conformément aux anciens Reglemens de* 1723. *A Paris ce* 22 *Octobre* 1762.

LE BRETON, *Syndic.*

LE MAÎTRE EN DROIT,

OPERA-COMIQUE, EN DEUX ACTES;

Représenté pour la premiere fois sur le Théâtre de l'Opera-Comique de la Foire S. Germain, le 13 Février 1760.

Le prix est de 48 sols avec la Musique ;
Et séparément, de 24 sols.

A PARIS,
Chez DUCHESNE, Libraire, rue S. Jacques, au-dessous de la Fontaine S. Benoît, au Temple du Goût.

M. DCC. LX.
Avec Approbation & Privilége du Roi.

ACTEURS.

LE DOCTEUR,	M. La Ruette.
LINDOR,	M. Clerval.
LISE,	Mlle. Nessel.
JACQUELINE,	Mlle. Deschamps.
PREMIER ÉCOLIER,	M. Demignaux.
SECOND ÉCOLIER,	M. St. Aubert.
TROUPE D'ÉCOLIERS.	

La Scene est à Rome.

LE MAÎTRE EN DROIT,

OPERA-COMIQUE EN DEUX ACTES.

ACTE PREMIER.

Le Théâtre représente une Place publique. On voit d'un côté la maison du Docteur, & de l'autre des arbres.

SCENE PREMIERE.

JACQUELINE, LINDOR.

JACQUELINE, *repoussant Lindor, qui veut entrer dans la maison du Docteur.*

DUO.

NON, non, sortez; non, je ne puis
Vous faire entrer en ce logis.

LINDOR.

Laisse-moi voir Lise un moment,
Ton refus cause mon tourment.

JACQUELINE.

Non, je ne puis y consentir.

LINDOR.

Tu veux donc me faire mourir.

ENSEMBLE.

JACQUELINE.

Je voudrois bien vous secourir,
Mais je ne puis y consentir.
Non, je ne puis y consentir.

LINDOR.

Ah ! fais-moi, fais-moi ce plaisir,
Comble mon unique desir.
Tu veux donc me faire mourir.

LINDOR.

Mais songe donc, ma chere Jacqueline, que c'est toi qui m'as inspiré tout l'amour dont je brule pour l'aimable Lise; tu sçais que je ne l'ai jamais vûe, & que je l'adore cependant sur le portrait enchanteur que tu m'en as fait.

Air : *Je ferai mon devoir.*

De lui parler & de la voir
Si tu m'ôtes l'espoir. (*bis.*)
Il falloit donc de ses attraits
Ne me parler jamais. (*bis.*)

JACQUELINE.

Il falloit .... il falloit.... Que les Amans ſon ſots ! Eh ! mort de ma vie ! ſongez vous-même à ce que je viens de vous dire.. . Oui, ſongez que le Docteur eſt votre rival .... qu'il aime, qu'il eſt fou de ſa Pupille ... & que ſi vous ne trouvez un moyen de rompre ſon hymen avec elle ... tout eſt perdu pour vous.... Voilà ce que j'avois à vous dire.... J'ai dit : adieu.

LINDOR.

Encore un mot, de grace.

JACQUELINE.

Bon ſoir. (*Elle ſort.*)

LINDOR, *ſeul.*

Quel affreux contre-tems ! ... Il vient, le vieux jaloux ! Ah ! dérobons lui mon embarras.

SCENE II.

LE DOCTEUR, *ſeul.*

Andante. Noté, n°. 1.

AU tendre amour
J'abandonne mon ame ;

Lise en ce jour
Est à moi sans retour.
L'instant flateur
Où ce Dieu séducteur
Couronnera ma flamme,
Sera celui de mon bonheur.

Mais craignons qu'on ne nous entende; & surtout ayons bien soin de cacher mes projets à mes Ecoliers.... Ces petits Messieurs-là vous ont plutôt soufflé une Maitresse....

Air : *L'occasion fait le larron.*

Chut.... Justement j'en vois un qui s'avance;
Observons-nous pendant notre entretien.

SCENE III.

LE DOCTEUR, LINDOR.

LE DOCTEUR.

Suite de l'air précédent.

QU'avez-vous donc?...Vous gardez le silence.
(*A demi-voix.*)
Les amours n'iroient-ils pas bien ?

LINDOR.

Mes amours ? Bon ! Nouvellement arrivé à Rome, je n'y connois perſonne encore .... & d'ailleurs....

ARIETTE, Notée, n°. 2.

Rarement,
Difficilement,
On gagne ici le cœur des Belles.
Rarement,
Difficilement,
Ici l'on eſt heureux Amant. (*fin.*)

Des Argus qui veillent ſur elles
Comment tromper les yeux jaloux?
Comment endormir les Epoux,
Pour fléchir leurs moitiés rebelles?
Rarement, &c.

LE DOCTEUR.

Allez, allez, mon cher, rien n'eſt plus facile que cela.... Quoi! vous êtes François, & de pareilles miſeres vous arrêtent! Eh! mais, mais, fi donc.... ne ſçavez vous pas que ce nom-là ſeul eſt la clef des cœurs de toutes les Belles? Ah! je vois bien que notre ville ne vous eſt pas connue encore. Je veux vous mettre au fait.

LINDOR.

Vous me rendrez un ſervice important. (*A part.*) S'il pouvoit me fournir des armes contre lui-même....

LE DOCTEUR.

Quand vous ſerez curieux d'avoir quelque bonne fortune, promenez vous ici tous les ſoirs. Allez, venez ; parcourez enfin tous les endroits où nos Belles ſe ſont voir.

LINDOR.

Ah ! qu'à cela ne tienne, on me verra partout.

LE DOCTEUR.

Ce n'eſt pas tout.... *Si* vous avez le bonheur de plaire à quelqu'une d'entre-elles....

LINDOR.

Eh ! bien ?

LE DOCTEUR.

Air : *Nous ſommes Précepteurs d'amour.*

Une vieille d'abord viendra,
Qui, faire à de pareils meſſages,
Chez la Belle vous conduira.

LINDOR.

Comment !

LE DOCTEUR.

Oui tels ſont les uſages.

LINDOR.

Quoi ! Doćteur, je ſerois aſſez heureux pour....

LE DOCTEUR.

Ecoutez, ce n'eſt pas encore-là tout....
Ecoutez .... mais motus au moins....

Allegro, ma non tropo.

En France on s'annonce dabord
Par un tendre tranſport ;
Avec ſa Belle on cauſe,
On parle longtems de ſes feux....
Ici c'eſt autre choſe,
Le tems eſt précieux.

ENSEMBLE.

LE DOCTEUR.	LINDOR.
Le tems eſt précieux.	Tant mieux, tant mieux.

LE DOCTEUR.

Romaines ne ſont point cauſeuſes,
Ni jaſeuſes,
Et dès le début,
Et dès le début,
Elles vont au but.

ENSEMBLE.

LE DOCTEUR.	LINDOR.
Le tems eſt précieux.	Tant mieux, tant mieux.

LE DOCTEUR.

Oui, tant mieux, j'en conviens tout bas :
Pour moi quand je ſuis dans le cas,
Je fais encor fracas.
On me connoît dans Rome
Pour un égrillard
Dans cet art,
Et je ſuis homme
A ne point encor dire non,
Quand je trouve une occaſion.

ENSEMBLE.

LE DOCTEUR.	LINDOR.
Non, non, non, non.	Bon ! bon ! fi donc.

LINDOR.

Soit ... mais croyez-moi, ne vous vantez pas tant ; car comme on l'a fort bien dit, tout homme eſt Gaſcon ſur ce point. A propos de cela, vous vous mariez, dit-on ; vous ſçavez le plaiſir que j'en aurois, & vous m'en faites un myſtere !

LE DOCTEUR.

Air : *Non, je ne ferai pas.*

Moi, prendre femme, moi !

LINDOR.

C'eſt le bruit de la ville.

LE DOCTEUR, *à part.*

O ciel ! il eſt inſtruit ; la feinte eſt inutile.

LINDOR.

Vous êtes bien rêveur.

LE DOCTEUR, *brusquement.*

Ce n'est-là qu'un faux bruit.
Et pour un curieux vous êtes mal instruit.

LINDOR.

Tant pis.... J'étois pourtant fort aise de cette nouvelle.... & j'avois même déjà pris certains arrangemens ... pour ...

LE DOCTEUR.

Pourquoi ?

LINDOR.

Pour rester plus long-tems avec vous ; car on dit que la Future est charmante.... Allons, allons, convenez-en...

LE DOCTEUR.

Moi ! non vraiment ... il n'en est rien ; vous dis-je.

Air : *Le Masque tombe.*

Quand je verrai la vieillesse gênante
M'enlever tout, plaisirs & liberté,
Pour mettre au moins mon front en sureté,
J'épouserai ma vieille Gouvernante.

LINDOR.

Qui ? Dame Jacqueline ? Ah ! ah ! fi donc ; vous nous feriez enfuir tous.

SCENE IV.

JACQUELINE, *les Acteurs précédens.*

JACQUELINE.

GRAND-MERCI.

ARIETTE.

Ah ! méprisez moins le peu de charmes
Qui restent de mon printems :
Plus d'un jeune cœur nous rend les armes ;
On trouve encor des galans.
On n'est pas bien opulente,
Brillante,
Saillante,
Pimpante,
Fringante,
Princesse,
Duchesse,
Marquise, Comtesse ;
Mais sans cela
On peut valoir tous ces gens-là.
Point de mépris,
On sçait qu'on vaut encor son prix. *fin.*
Oui : si l'on vouloit sur vous-même
De ses attraits essayer le pouvoir,
On vous feroit voir,
Sans une peine extrême,
Ce qu'on peut valoir.
Mais méprisez moins, &c.

LINDOR.

Ah ! pardon, ma chere Jacqueline. (*bas.*) Ne vois-tu pas que je veux lui donner le change ?..

JACQUELINE, *bas.*

A la bonne-heure ! Que ne parliez-vous aussi ? Laissez-moi faire. (*haut.*) Oui, oui...

Air : *Palsambleu Monsieur le Curé.*

Croyez-moi, perdez tout espoir.
(*Au Docteur.*)
Au fond, c'est un badinage.

LE DOCTEUR, *d'un air inquiet.*

Mais qu'est-ce donc ?

JACQUELINE.

Monsieur voudroit sçavoir
A quand votre mariage ?

LE DOCTEUR.

Que veux-tu dire avec mon Mariage ?

JACQUELINE.

Eh ! oui... Est-ce que vous n'allez pas épouser cette jeune personne ? (*au Docteur qui lui fait signe de se taire.*) Plaît-il ?

LINDOR, *à Jacqueline.*

Eh! bien, achevez donc....

JACQUELINE.

Ah! non, non.... Monsieur me fait signe.

LE DOCTEUR *bas, à Jacqueline.*

Mais, tais-toi donc, Babillarde.... (*haut.*) C'est une folle, au moins...

LINDOR, *froidement.*

Non... Je vois, Docteur, ce que je dois penser de tout ceci. Ma présence vous gêne... Adieu. (*Bas, à Jacqueline.*) Je reviendrai, dès qu'il sera parti.

(*Il sort.*)

SCENE V.

LE DOCTEUR, JACQUELINE.

DUO.

LE DOCTEUR. ES-TU contente,
Vieille imprudente ?
JACQUELINE. Qu'ai-je donc fait ?
LE DOCTEUR. Par ton caquet,

Tu trompes mon attente.

JACQUELINE. Je n'ai rien dit.

LE DOCTEUR. Tu n'as rien dit !
Elle m'assomme.

JACQUELINE. Ah ! le pauvre homme !
Il perd l'esprit.

LE DOCTEUR. De mon dépit
Elle se rit.

ENSEMBLE.

JACQUELINE.	LE DOCTEUR.
Je n'ai rien dit.	Tu n'as rien dit !
Ah ! le pauvre homme !	Elle m'assomme.
Il perd l'esprit.	Ah ! pauvre esprit !

JACQUELINE.

Oui, oui, oui, vous perdez l'esprit ; puisqu'il faut vous le dire. Eh ! qu'ai-je donc tant dit, après-tout, qui doive vous allarmer si fort ?

LE DOCTEUR.

Tu n'as que trop parlé pour me perdre.

Air : *Tout roule aujourd'hui dans le monde.*

Car enfin Lindor vient d'apprendre
Qu'un autre objet avoit mon cœur,
Et je voulois lui faire entendre
Que toi seule aurois cet honneur.
Il faut lui dire le contraire.
Serois-je dans ce cas sans toi ?

JACQUELINE.

Pardi, voilà bien du myſtere !
Pour abréger, épouſez-moi.

LE DOCTEUR.

Que je t'épouſe, moi !

JACQUELINE.

Eh ! mais, mais, ce n'eſt pas ce que vous pourriez faire de pis, au moins.

DUO.

Dès le poltron minet
Je ſerois à l'ouvrage.
De mes ſoins pour le ménage
Bientôt vous verrez l'effet.

LE DOCTEUR.

Ah ! point de verbiage ;
Vous n'êtes point mon fait,
Je vous le dis tout net.

ENSEMBLE.

JACQUELINE.	LE DOCTEUR.
Tant pis pour vous, Compere.	Tant mieux, c'eſt mon affaire.
Craignez le trébuchet ;	Je vous le dis tout net ;
Et ce ſera bien fait.	Vous n'êtes point mon fait.

LE DOCTEUR.

Traitons, traitons un autre point, & laiſſons tout cela. Ecoute, il faut un peu d'amuſement à la Jeuneſſe : le jour baiſſe....

Je

Je vais t'amener Liſe un moment ; après quoi, je ſortirai pour terminer quelques affaires : profite de mon abſence pour lui parler de mes feux. . . . Adieu.

(*Il ſort.*)

JACQUELINE.

Laiſſez-moi faire, allez... Je ſais mieux que perſonne ce qu'il vous faut, & je vais travailler à vous ſervir en conſéquence.... Peſte ſoit du vieux fou !

SCENE VI.

LINDOR, JACQUELINE.

LINDOR.

AH ! ma chere Jacqueline, tu me vois au comble de mes vœux ; à la fenêtre du Docteur, je viens de voir la plus charmante perſonne du monde ; c'eſt Liſe ſans doute... c'eſt elle, je le ſens au plaiſir que ſa vûe m'a cauſé. Conſens à faire mon bonheur, ſers ma tendreſſe, & tu peux compter...

Air : *Mon cœur volage.*

(*Il lui donne une Bague, sa Boëte.*)

Tiens, prends d'avance,
Par complaisance,
Prends ces bijoux,
Pour toi je les destinois tous.
Tu me refuse ! ...

JACQUELINE.

Je suis confuse.

LINDOR.

Tiens, prends encor,
Et tous deux agissons d'accord....

JACQUELINE.

C'est par obéissance, ce que j'en fais.... Eh ! Dites-moi, Lise vous a-t-elle vû ?

LINDOR.

Je le crois : elle s'est cependant retirée de la fenêtre : mais le moment d'après j'ai vû tomber à mes pieds ce bouquet & ce ruban.

JACQUELINE.

Air : *Tant de valeur.*

Quoi ! Lindor, ce n'est pas un conte !

LINDOR.

Non, non.

JACQUELINE.

Comment ! Mais en ce cas,
Vous n'avez pas perdu vos pas ;
C'est toujours .. un ruban ... à compte.

Çà, çà, je vous veux trop de bien pour ne pas vous servir dans toute cette affaire, & vous cacher plus long-tems ce que j'ai fait pour vous. Je vous ai peint aux yeux de Lise sous des traits si flatteurs ; je lui ai dit tant de bien de vous (on peut mentir dans de pareilles occasions) que je serois bien trompée, si la petite Personne n'en avoit un peu dans l'aîle.

LINDOR.

Lise m'aimeroit ! Que ne te dois-je pas, ma chere Jacqueline, & comment reconnoître... ?

JACQUELINE.

Ecoutez-moi, Lise va se rendre ici ; le Docteur doit sortir, je vais tâcher de voir en quel état est son cœur ; car elle ne m'a encore rien avoué. Mais laissez-moi faire, & allez m'attendre sous ces arbres ; tenez-vous prêt seulement à paroître au premier signal que je vous ferai. (*Il fait quelques pas pour sortir.*) A propos, donnez-moi ce Bouquet.

LINDOR.

Qu'en veux-tu faire?

JACQUELINE.

Donnez.... & le Ruban.

LINDOR.

Mais...

JACQUELINE.

Allez, allez, ne craignez rien. (*Il sort.*) Je veux m'en divertir avec Lise.... la voici.... voyez un peu à cette mine, si l'on se douteroit que cela en sait aussi long. On a raison de le dire : il n'y a plus d'enfans.

SCENE VII.

LE DOCTEUR, LISE, JACQUELINE.

LE DOCTEUR.

VIENS-çà, viens, ma chere Enfant, & bannis cette sombre humeur ; songe que tu n'as plus qu'un moment à attendre pour être ma Femme, & que....

LISE.

Quoi ! Monsieur, vous êtes donc l'Epoux que vous me promettiez ?

TRIO.

LE DOCTEUR.

Oui ma petite ;
Ton cœur palpite :
L'Amour l'agite.
Te parle-t-il en ma faveur ?

JACQUELINE, *bas, à Lise.*

Répondez-lui,
Oui.

LISE, *troublée.*

Oui.... Non, Monsieur.

LE DOCTEUR.

Bannis la crainte,
Tu peux sans contrainte
M'ouvrir ton cœur.

JACQUELINE, LE DOCTEUR.

Eh ! bien ? eh ! bien ?

LISE, *timidement.*

A vous parler sans feinte....

JACQUELINE, LE DOCTEUR.

Eh ! bien ? eh ! bien ?

LISE.

Pour vous je ne sens rien.

Ens. JACQ. Ceci débute bien.
LE DOC. Fi, cela n'est pas bien.

LE DOCTEUR.

Réponds mieux à ma flamme :
En devenant ma femme,
Tout mon bien est à toi ;
Oui, j'en jure ma foi.
(*A Jacqueline.*)
Parle-lui donc pour moi.

JACQUELINE.

Répondez à sa flamme :
En devenant sa femme,
Vous aurez chaque jour
Nombre d'Ecoliers faits au tour,
Qui vous feront la cour.

LE DOCTEUR, *à Jacqueline.*

Langue maudite,
Que dis-tu là ?
Faut-il lui parler de cela ?
(*A Lise.*)
Ah ! ma petite,
Ton sein s'agite,
Ton cœur palpite.
Ne me vois-tu qu'avec froideur ?

JACQUELINE, *bas, à Lise.*

Répondez donc,
Non.

LISE, *troublée.*

Non.... Oui, Monsieur.

LE DOCTEUR.

Ah ! quel martyre !
Mais je ne respire
Que pour ton bien.

LE DOCTEUR, JACQUELINE.

Eh ! bien ? eh ! bien ?

LISE.

Faut-il vous le redire ?

JACQUELINE, LE DOCTEUR.

Eh ! bien ? eh ! bien ?

LISE.

Pour vous je ne sens rien.

Ens. JACQ. Ceci débute bien.
LE DOC. Fi, cela n'est pas bien.

Ens. JACQ. LE DOC. Quoi ! Rien ?

LISE.

Non, rien.

LE DOCTEUR.

Quoi ! Lise, vous me refusez, vous m'ôtez ainsi votre cœur ?...

LISE, *ingénuement*

Eh ! Mais, ma Bonne sçait bien que je n'ai jamais eu le dessein de vous le donner.

JACQUELINE.

Oh ! oui ... cela eſt vrai... mais laiſſez-nous ſeules un inſtant ; je ſçaurai bien la faire parler autrement.

LE DOCTEUR, *à Jacqueline.*

Adieu donc... (*à Liſe*) Bon ſoir, Mignonne. Ne t'impatiente pas ; je reviens à l'inſtant.

LISE.

Ah ! ne vous preſſez pas, Monſieur. A votre aiſe, à votre aiſe.

(*Il ſort.*)

SCENE VIII.

LISE, JACQUELINE.

JACQUELINE, *aprés avoir regardé un moment Liſe qui rêve.*

Air : *Tu croyois, en aimant Colette.*

Vous paroiſſez triſte & rêveuſe,
D'où provient donc votre ſouci ?
Si vous n'étiez pas amoureuſe,
Vous ne rêveriez pas ainſi.

LISE, *ingénuement.*

Amoureuſe ! .. Eh ! de qui, ma Bonne ?

Je ne vois, je ne parle ici qu'à mon petit chat & à vous.

JACQUELINE.

Ah ! Parlez, parlez-moi plus franchement : je lis dans vos yeux que vous m'en imposez ; vous rougissez. Tenez... voyez un peu ce Bouquet & ce Ruban... les reconnoissez-vous ?

LISE, *baissant les yeux.*

Ce Ruban ? .... oüi, ma Bonne.... (*d'un air de dépit.*) Mais voyez le joli Monsieur ! il fait grand cas de ce qu'on lui donne !

JACQUELINE.

Air : *M. le Prevôt des Marchands.*

Allez, ne dissimulez point,
J'en sçais plus que vous sur ce point ;
Mais vous pouvez sans vous contraindre
Vous livrer à de tendres feux,
De moi vous n'avez rien à craindre,
Je veux rendre Lindor heureux.

LISE.

Lindor ! le joli nom ! Ah ! vous l'avez donc vû, ma Bonne ? Il vous a donc parlé ? Que vous êtes heureuse ! Convenez qu'il est bien aimable, n'est-il pas vrai ?

ARIETTE, Notée, n°. 3.

Tout me dit que Lindor eſt charmant,
Que je dois l'aimer conſtamment,
Et que ſon cœur m'aime
Auſſi tendrement.
Oui, je me livre à ce doux eſpoir,
Et s'il étoit en mon pouvoir,
Je voudrois moi-même
Hâter l'inſtant où je dois le voir. *fin.*

Comment ne pas ſe rendre?
Eh! comment ſe défendre
De couronner ſes feux,
De combler ſes vœux?
Il a l'air ſi tendre!
J'ai vû dans ſes yeux
D'un cœur amoureux
Les tranſports heureux.
Oui, je l'aimerai
Tant que je vivrai.
Ah! que ne peut-il m'entendre!

Tout me dit, &c. *juſqu'au mot* fin.

JACQUELINE.

Tout cela eſt bel & bon; mais prenez-y garde, ma chere Liſe; oui, prenez-y garde.... Conſultez-bien votre cœur; vous ſuivez le penchant qui le flatte en ce moment: mais ſi ce Monſieur Lindor, que vous trouvez ſi aimable, ſi charmant, n'étoit qu'un volage.... un trompeur.... car c'eſt un François, au moins; je vous en avertis.

LISE.

Lindor un volage! Quoi! vous le ſoupçonneriez? (*avec vivacité.*) Ah! vous avez beau dire, je ne vous crois pas, ma Bonne.

ROMANCE, Notée, n°. 4.

On dit, pour nous faire peur,
Que l'Amour eſt un Dieu trompeur;
Mais
Ce Dieu plein d'attraits
Ne trompe jamais
D'Amans parfaits.
S'il gênoit notre ame,
Chéririons-nous
Sa douce flamme?
Nous volons au-devant de ſes coups,
Quand il nous enflamme.
Qu'on diſe tant qu'on voudra,
Qu'un jour ce Dieu me trompera;
Mais moi qui, pour mon bien,
Le connoit très-bien,
Je n'en crois rien.

JACQUELINE.

Voilà ce qu'on appelle parler clairement. Eh! Dites-moi, feriez-vous bien-aiſe de le voir, ce Monſieur Lindor?

SCENE IX.

LINDOR, LISE, JACQUELINE.

LINDOR.

IL eſt à vos génoux, charmante Liſe.

LISE.

Lindor, Lindor! Ma Bonne, que je vous embraſſe.

LINDOR.

Air : *Je ne ſuis qu'un ſimple berger.*

Ah! dans quel doux raviſſement
Ce tendre aveu me plonge!
Je doute encore en ce moment
Si ce n'eſt pas un ſonge.

JACQUELINE.

Voyons, voyons, parlons ſérieuſement ici, & ne perdons pas de tems. Avez-vous trouvé enfin quelque expédient, quelque moyen de prévenir le coup qui vous menace?

LINDOR.

Hélas! non, ma chere Jacqueline; mais crois-tu que l'Amour m'abandonnera au beſoin?

JACQUELINE.

L'Amour ! l'Amour ! Ah ! Pardi, voilà une belle ressource ! Oh ! par ma foi, si vous n'avez que celle-là, vous pouvez d'avance aller chercher fortune ailleurs.

LINDOR.

Eh ! penses-tu qu'on puisse trouver dans un moment? .....

LISE.

Il a raison, ma Bonne, & si vous vouliez...

JACQUELINE.

Eh ! bien ?

LISE.

Eh ! bien ; nous pourrions nous revoir encor ce soir chez moi. Là, nous concerterions ensemble....

JACQUELINE.

Chez vous !... Introduire Lindor chez vous, moi !... Estes-vous folle, Mademoiselle ? Mais, mais en vérité !...

LISE.

Mais, ma Bonne, vous seriez avec nous.

LINDOR, *lui donnant une bourse.*

Tiens, ne faut-il que cela pour te décider ?

JACQUELINE.

Non, non, vous dis-je... (*Elle prend la Bourse, & dit d'un ton de dépit:*) en vérité, Monsieur Lindor, vous êtes insupportable; comment voulez-vous qu'on tienne contre des paroles aussi éloquentes? Il est vrai que vous serez peut-être bien-tôt Epoux.

Air : *De la besogne.*

Allons, nous verrons tout ceci,
Dans une heure, soyez ici,
Je reviendrai pour vous y prendre;
Mais ne vous faites pas attendre.

LINDOR.

Va, je ne quitterai pas ces lieux.

JACQUELINE.

Et moi, je vais tout préparer pour vous introduire chez le Docteur, sous un déguisement qui vous empêche d'en être reconnu. Voyons, avant tout, si personne n'a pû nous entendre.

(*Elle va à la coulisse.*

LINDOR.

Que les momens que je vais passer loin de vous vont ajouter à ma tendre impatience!

LISE.

Hélas! j'ai mille choses à vous dire;

mais je crains que ma Bonne ne nous entende. Ne quittez point ces lieux. Si le Docteur n'est pas rentré, je profiterai du premier instant où je verrai ma Bonne embarrassée, pour venir concerter avec vous les moyens... je la vois... ne parlons de rien devant elle.... mais peut-être nous manquerez-vous de parole?

LINDOR.

Ah! Ma chere Lise, jugez mieux de l'amour que vous m'avez inspiré.

TRIO.

JACQUELINE.

Çà, mes enfans, je tremble
Qu'on ne vous trouve ensemble;
Allons, allons, sans differer,
Il faut rentrer.

LISE.

Eh! quoi! déjà nous séparer!

LINDOR.

L'Amour à peine nous rassemble.

LISE.

Faut-il vous implorer?

LINDOR.

Faut-il te conjurer....

ENSEMBLE.

De me laiſſer voir encore

LISE. { L'Amant,
LINDOR. { L'objet que j'adore.

JACQUELINE.

Encore! encore!

LISE & LINDOR.	JACQUELINE.
Eh! quoi! déjà nous ſéparer! L'Amour à peine nous raſſemble.	Il faut rentrer, il faut rentrer. Je crains qu'on ne vous trouve enſemble.

(Elle emmene Liſe, & force Lindor à ſe retirer.)

Fin du premier Acte.

ACTE

ACTE II.

SCENE PREMIERE.*

LINDOR, *seul.*

ARIETTE.

AH! quel tourment
Pour un cœur tendre,
D'attendre
Le moment
Qui doit le rendre
Heureux & content!

On s'arme en vain de constance;
L'attente accroît le desir,
Et l'on meurt mille fois de son impatience;
Avant de voir briller le moment du plaisir.

Ah! quel tourment, &c.

Personne ne vient encore. Quel est

* L'obscurité vient par gradations, de sorte qu'il fait nuit à la Scene cinquiéme.

mon embarras! Ah ! Lise n'aura pas trouvé sans doute le moment de s'échapper comme elle me l'avoit promis ... & peut-être... Mais c'est elle que je vois..

SCENE II.

LISE, LINDOR.

LINDOR, *allant au-devant de Lise avec précipitation.*

L'Amour vous rend donc enfin à mes tendres desirs.

LISE, *vivement.*

Le Docteur n'est pas encore de retour; & profitant d'un moment où j'ai vû ma Bonne occupée, j'ai sçu tromper sa vigilance.... Mais ma frayeur redouble à chaque pas.... Jugez par la témérité de ma démarche, de la crainte où je suis de voir accomplir l'hymen odieux qu'on me prépare

LINDOR.

ARIETTE.

Non, ma chere Lise, non, non, non:
Mon cœur vous répond

D'un plus charmant esclavage.
Non, ma chere Lise, non, non, non :
L'amour à nos feux
Réserve un sort plus heureux.

Sous ses loix il nous engage ;
Pour nous combler de ses faveurs :
Il a lui-même uni nos cœurs.
Il achevera son ouvrage.

Non, ma chere Lise, &c.

LISE.

Je le desire trop, pour ne pas l'esperer.

LINDOR.

Ne craignez rien, vous dis-je ; vous sçavez que Jacqueline est dans nos intérêts.

LISE.

Convenez que ma Bonne est une femme adorable.

LINDOR, *souriant.*

Vous l'aimez donc bien ?

LISE.

Si son projet réussit, dans l'envie qu'elle a de nous unir, je ne ferai jamais tant pour elle, qu'elle aura fait pour moi.

LINDOR, *transporté.*

Chere Lise, que vous êtes aimable !

LISE.

ARIETTE.

Pour vous mon cœur
Se livre à l'ardeur
Qui l'enflamme :
Il est un souverain bien....
Je le sens bien....
Et c'est un tendre lien :
Oui, sans rougir,
Je fais mon plaisir
De ma flamme.
Heureuse, si nos amours
Durent toujours,
Et si rien n'en rompt le cours.

Peut-être, cher Lindor,
Que je devrois encor
Me contraindre :
Ne soyez point surpris,
Je n'ai jamais appris
L'art de feindre.
D'un amour extrême
Quand je fais l'aveu ;
C'est que je sens un feu.... !
C'est qu'il est vrai que j'aime.

Pour vous mon cœur, &c.

Tes yeux me le jurent....
Ils penetrent mes ſens.
Tes yeux me raſſurent,
Qu'ils ſont doux & touchans !
Cher amant !
Ah ! que mon cœur eſt content !

Mais j'oublie, en vous voyant, que le tems ſe paſſe ; Jacqueline peut venir & me gronder, ou le Docteur faire encor pis. Adieu, adieu.

LINDOR.

Vous me quittez.

LISE.

Il le faut. Tenez-vous ici, juſqu'à ce que ma Bonne vienne vous chercher, entendez-vous ? Ne vous impatientez pas. J'aurai ſoin de la faire ſouvenir de ſa promeſſe. (*Elle ſort.*)

SCÈNE III.

LINDOR, *ſeul.*

QUE de graces !... que d'eſprit ! Et je ſouffrirois qu'un jaloux... ! Je crois l'appercevoir.... Contraignons-nous, & conſultons-le ; peut-être m'ouvrira-t-il un avis dont je pourrai profiter.

SCENE IV.

LE DOCTEUR, LINDOR.

LINDOR.

JE vous rencontre ici fort à propos.

Air : *Adieu paniers, vendanges sont faites.*

J'ai besoin de vos bons offices
Pour sortir d'un grand embarras.

LE DOCTEUR.

Parlez, & ne vous gênez pas ;
On doit se rendre, entre amis, des services.

LINDOR.

Voici le fait... J'aime & je suis aimé du plus bel objet qui soit dans la Nature.

Air : *Des Pendus.*

Mais par malheur j'ai pour rival
Un vieillard jaloux & brutal.

LE DOCTEUR.

Eh ! bien, il faut vous en défaire.
A quel homme avez-vous affaire ?

LINDOR.

Tout franc, c'est un sot animal ;
Que je vous définirois mal.

LE DOCTEUR.

Tant mieux, morbleu, tant mieux.

LINDOR.

Je ne ſuis point encore bien verſé dans l'étude des loix; mais dites-moi, Docteur, n'en eſt-il pas quelqu'une qui autoriſe une pupille à fuir l'hymen d'un Tuteur qu'elle abhorre?

LE DOCTEUR.

Oui, ſans doute, mon cher; & la loi y eſt formelle.

DUO.

LINDOR.

Quoi! tout de bon, c'eſt la loi?
Ah! rien n'eſt plus heureux pour moi.

LE DOCTEUR.

Vous allez en être éclairci,
Tenez, je crois que la voici.

LINDOR.

Ah! de grace, montrez-moi la.

LE DOCTEUR.

Oui-dà, très volontiers, oui-dà.

LINDOR, *à part.*

Je le tien,
Ne diſons rien.

LE DOCTEUR, *lisant.*

» Tout acte est nul, de plein droit,
» Quand il est fait sans volonté,
» Et sans liberté,
» Il devient nul, de plein droit.
» Lisez, voici l'endroit.

LINDOR.	LE DOCTEUR.
Je le tien,	» Cujas
Ne disons rien;	» Décide le cas:
Tout va bien,	» C'est chapitre six;
Fort bien, très-bien.	» Ou dix.

LINDOR.

Je puis donc former ce lien.

LE DOCTEUR.

Allez, allez, ne craignez rien.

LINDOR.	LE DOCTEUR.
Le vieux magot	Magot
Sera bien sot.	Bien sot;
Cette loi là,	Oui dà:

ENSEMBLE.

A la raison le ramènera:
Ah! le benêt! le pauvre nigaud!
Je croi,
Ma foi
Qu'il sera bien sot.

LINDOR.

Mais, ne risqué-je rien dans tout ceci?

LE DOCTEUR.

Ne craignez rien, faites valoir la loi, si l'on vous cherche noise; & que vous ayez besoin d'un Avocat, n'en cherchez point d'autre, & je vous promets....

LINDOR.

Alte là, je vous prends au mot, songez à tenir votre parole

LE DOCTEUR.

Oui; je vous le répete, une pareille cause est imperdable: avez vous oublié d'ailleurs que *Requiritur consensus partium in matrimonio?*

LINDOR.

A la bonne heure... (*à part.*)

Air: *De nécessité nécessitante.*

Bon, fort bien; de lui-même il s'enferre.

LE DOCTEUR.

Hé! comment finirez-vous l'affaire?

LINDOR.

Comment? En ces lieux je vais attendre
Qu'une vieille....

LE DOCTEUR.

Vienne vous y prendre.

A merveille; voilà ce qu'on apelle être en regle.

LINDOR.

Bien plus, la vieille ma promis de venir me prendre ici pour m'introduire chez le jaloux... Adieu. (*à part.*) Rien ne me presse encore, laissons-le sortir de ces lieux.

SCENE V.

LE DOCTEUR, *seul.*

A Dire vrai, je ne serois pas fâché de connoître & de voir cette Beauté charmante.

Air : *Mais comment ! tes yeux sont humides.*

La nuit me paroît sombre en diable...
Ah ! le tour seroit impayable,
Si la vieille se méprenoit.
Au rendez-vous, sur ma parole,
J'irois d'honneur jouer son rôle ;
Cela peut-être le rendroit
Une autre fois moins indiscret.

SCENE V.

LE DOCTEUR, JACQUELINE.

JACQUELINE, *dans le fond du Théâtre, une lanterne sourde à la main, tenant des habits de femme sous son bras. Elle est couverte d'un voile noir.*

St, st.

DUO.

LE DOCTEUR.

Prêtons un peu l'oreille.

JACQUELINE, *dans l'éloignement. Elle s'approche à chaque vers qu'elle dit.*

Etes-vous là ?

LE DOCTEUR.

J'entends, je crois la vieille.

JACQUELINE.

Lindor, êtes-vous là ?

LE DOCTEUR.

Bon, à merveille ;
Oui, me voilà.

JACQUELINE.

Répondez donc : *oui, me voilà.*

LE DOCTEUR.

Oui, me voilà.

<table>
<tr><td>JACQUELINE tourne sa lanterne, quand elle est derriere le Docteur ; elle le reconnoît & dit à part :</td><td>LE DOCTEUR, à part.</td></tr>
<tr><td>O ciel ! quelle méprise !
C'est le Docteur.</td><td>La nuit me favorise ;
Point de frayeur.</td></tr>
<tr><td>Ah ! quelle peur
Saisit mon cœur !</td><td>(A Jacqueline.)
Allons, mon cœur,
Suis mon ardeur.</td></tr>
<tr><td>Me voilà dans la crise.</td><td>(A part.)
Me voilà dans la crise.</td></tr>
</table>

JACQUELINE, *à part.*

Mais .... il me vient un projet...
Oui .... risquons le paquet.

(Haut au Docteur.)

Quittez cet équipage.

(Elle lui ôte son chapeau, sa perruque & son manteau.)

LE DOCTEUR.

Mais tu n'es pas sage.

JACQUELINE.

Nous sommes d'accord sur ce point ;
Sans cela vous n'entrerez point.

LE DOCTEUR.

Eh ! quoi ! c'est tout de bon ?

JACQUELINE.

Le voulez-vous, ou non ?

Mettez ce grand bonnet.

(*Elle le coëffe avec une cornette de femme attachée sur un tour de perruque.*

Passez ce jupon, ce corset.

(*Elle lui passe un casaquin, auquel tient un jupon ouvert sur le devant.*

JACQUELINE.	LE DOCTEUR.
Vous paroissez bien inquiet.	Non, non, je suis très-satisfait ;
Craignez-vous quelque chose?	Mais hâtons-nous, pour cause.
(*A part.*)	(*A part.*)
Sa figure est comique.	L'aventure est unique.

ENSEMBLE, *à part.*

Ah! d'un pareil tour,
Je rirai plus d'un jour.

(*Jacqueline, après avoir habillé le Docteur, lui couvre la tête d'un voile.*

LE DOCTEUR, *à Jacqueline qui le prend sous le bras.*

Çà, point de tricherie, au moins.

JACQUELINE.

Allez vous ne pouviez tomber dans de meilleures mains; (*bas.*) Tu m'as bien fait peur, maudit barbon; mais je te la garde bonne.

SCENE VII.

LINDOR, *Les Acteurs précédens.*

LINDOR, *bas, à Jacqueline qu'il reconnoît.*

QUE vois-je ? Tu me trahis... !

LE DOCTEUR, *entendant parler.*

Plaît-il... ?

JACQUELINE, *au Docteur, qu'elle pousse rudement.*

Chut... (*bas, à Lindor.*) Suivez-moi, je vous instruirai de tout.

SCENE VIII.

Le Théâtre change & représente l'Ecole de Droit; tous les Ecoliers sont assemblés, & attendent le Docteur.

CHŒUR D'ÉCOLIERS.

Air : *Allons, gai.*

PRofitons du tems qu'on nous laisse,
Pour nous divertir,
Pour nous réjouir.

Chassons loin de nous la tristesse.
Allons, gai, réjouissons-nous,
Pendant notre jeunesse ;
Allons, gai, réjouissons-nous,
Et faisons les fous.

(*La danse finie, les Ecoliers se remettent à leur place; une porte s'ouvre sur le côté du Théâtre, par laquelle Jacqueline fait entrer le Docteur, & lui dit :*

JACQUELINE.

Entrez...

LE DOCTEUR, *à demi-voix.*

C'est donc ici qu'on m'attend ?

JACQUELINE.

Oui.

SCENE IX.

LE DOCTEUR, TROUPE D'ÉCOLIERS.

QUE vois-je ? Où suis-je... ? O Ciel ! Dans mon École ! Devant mes Écoliers !... Je suis trahi.... Tout est perdu... Ah ! vieille abominable ! Où fuir ? Où me cacher ?...

(*Au bruit qu'il fait, un des Ecoliers tourne la tête, & dit, en s'approchant du Docteur :*

PREMIER ÉCOLIER, *à ses camarades.*

Air : *Ah ! venez donc.*

Ah ! venez voir.... Ah ! venez donc :
Voilà des masques. Le tour est bon.

Et bon jour, ma petite maman.

SECOND ÉCOLIER.

Peste ! elle doit être jolie... montrez-nous donc un peu votre minois.

(*Tous les Ecoliers entourent le Docteur, qui se cache toujours le visage ; ils lui font mille agaceries.*)

PREMIER ÉCOLIER.

D'où Diable venez-vous ?... Etes-vous veuve ? fille ? femme ?...

TRIO.

LE DOCTEUR.	O ciel ! quelle disgrace !
PREM. ÉCOL.	{ Allons, Point de secours.
SEC. ÉCOLIER.	Bas les mains.
LE DOCTEUR.	Ah ! de grace.
PREM. ÉCOL.	Bas les mains, vous dit-on...
LE DOCTEUR.	{ Non, non. O ciel ! quelle disgrace !
PREM. ÉCOL.	Elle veut qu'on l'embrasse.
SEC. ÉCOLIER.	Eh ! bien, commence, toi.

PREM.

PREM. ÉCOL. Nenni, nenni, ma foi.

ENSEMBLE. A toi, à toi, à toi, à toi : *en se renvoyant le Docteur l'un à l'autre.*

TRIO.

PREM. ECOLIER.	LE DOCTEUR.	SEC. ECOLIER.
Allons, commence, toi.	Eh! Messieurs, laissez-moi.	Allons, commence, toi.
Nenni, ma foi;	Ah! de grace,	Nenni, ma foi;
Je meurs d'effroi.	Laissez-moi.	Pourquoi? pourquoi?
Elle fait la grimace.	O ciel! quelle disgrace!	Elle veut qu'on l'embrasse.

(Pendant qu'on balotte le Docteur, un des Ecoliers le regarde avec plus d'attention, & dit à ses camarades:)

PREMIER ÉCOLIER.

Eh! C'est un homme...

SECOND ÉCOLIER.

Un homme!... Ah! ventrebleu... C'est un fripon; faisons-le repentir de son effronterie.

TOUS ENSEMBLE.

Allons, allons... C'est bien dit... Assommons-le.

LE DOCTEUR, *se découvrant.*

Eh! Messieurs, Messieurs... Doucement; reconnoissez le Docteur votre Maître.

PREMIER ÉCOLIER.

Le Docteur!...

SECOND ÉCOLIER.

C'est lui-même...

TOUS ENSEMBLE.

Fuyons...

SCENE X.

LE DOCTEUR *seul, se relevant.*

Air : *Ah ! Maman, &c.*

AH ! bon Dieu ! que je l'échappe belle !
Quel fâcheux instant !
Je suis tremblant,
Et je chancelle.

Mais que dois-je penser de tout ceci ?... Lise me hait, & plus je me rappelle ce que Lindor m'a dit... Ah ! je n'en doute plus... Jacqueline, Lindor, Lise... Tout... Tout est d'accord pour me tromper...

Air : *Comm' v'là qu'est fait !*

Ah ! si la petite friponne,
Au mépris de mon tendre amour,
Pour se moquer de ma personne,
M'avoit joué ce vilain tour ;
De ma rage & de ma colere
Bientôt elle se sentiroit....
Mais éclaircissons ce Mystere,
Elle vient bien à cet effet.

SCENE XI.

LISE, LE DOCTEUR.

LISE, *riant.*

Suite de l'air.

Comm' vous v'là fait !
Comm' vous v'là fait !

LE DOCTEUR.

Approchez, approchez-vous, la Belle ; il n'eſt pas queſtion de plaiſanter ici... Il faut m'avouer tout.

LISE.

Comment ! que voulez-vous dire ?

LE DOCTEUR.

Que vous me jouez vraiment de jolis tours !

LISE, *riant.*

Ah ! ah ! ah ! ce n'eſt pas moi, d'honneur.

LE DOCTEUR.

Ah ! ah ! ah ! ... Sçavez-vous bien que tous ces ah ! ah ! là me déplaiſent ; apprenez un peu à reſpecter votre époux futur.

LISE, *ironiquement.*

ARIETTE.

Vous vous flattez en vain
De poſſéder ma main ;

Malgré tous vos efforts, un autre amour m'engage.
Mais si vous êtes sage,
Vous n'en prendrez point d'ombrage.
Vous vous flattez en vain
De regler mon destin.

LE DOCTEUR.

Eh ! parbleu, nous verrons : je vois que malgré ma défense on vous a fait voir Lindor... Que Jacqueline & lui... M'écouterez-vous, petite impertinente ?

(Lise regarde si Lindor ne vient point.)

LISE, *ironiquement.*

Oui, oui, vous parlez très-bien... Mais malgré cela...

Reprise de l'Ariette.

Vous vous flattez en vain
De regler mon destin,
De posséder ma main.

LE DOCTEUR.

C'en est trop ... le dépit l'emporte, & ...

SCENE XII. & derniere.

LINDOR, JACQUELINE, LISE, LE DOCTEUR.

LINDOR.

DOucement... que voulez vous donc faire ?...

LE DOCTEUR.

J'ai mes raiſons pour en agir de la ſorte.

JACQUELINE.

Allons, allons, Monſieur, de la modération.

LE DOCTEUR.

Ah ! chienne, te voilà ! Quoi ! tu as l'impudence de paroître devant moi, après le tour abominable que tu m'as joué !

JACQUELINE.

C'eſt votre faute ; pourquoi vous trouviez-vous là ? Ce n'étoit pas vous qu'on venoit chercher.

LINDOR.

Mais en vérité, Docteur, ſçavez-vous que vous n'êtes point ſages ?

LE DOCTEUR.

Sage, ou non ; ce ne ſont point vos affaires... Pour vous, la Belle, rentrez vîte... Allons... & qu'on m'obéiſſe.

LISE.

Ah ! tout eſt dit : je ne quitte plus mon époux...

LE DOCTEUR.

Votre époux ! qui ? Lui ? Eh ! quel ſot, s'il vous plaît, vous a mariés ?

JACQUELINE.

Vous-même.

LINDOR.

A vous dire vrai, nous ne ſommes pas encore époux : mais je me flatte que vous n'irez point contre votre avis, contre la loi, & que vous me ſervirez même d'Avocat, comme vous me l'avez promis.

JACQUELINE.

Comment vous trouvez-vous de la conſultation, Monſieur l'Avocat ?

LE DOCTEUR.

Ah ! vous êtes venû me ſurprendre ; mais vous ne le porterez pas loin.

(Il veut ſortir, Lindor l'en empêche.)

QUATUOR.

LINDOR.

Peine inutile.

LISE.

Reſtez, reſtez tranquille.

JACQUELINE.

A vos dépens,
N'apprêtez point à rire aux gens.

LE DOCTEUR.

Quoi ! maudite sorciere,
Tu ne veux pas te taire !

JACQUELINE.

Pour vous venger, épousez-moi.

LISE & LINDOR.

Epousez-la.

JACQUELINE.

Voilà ma foi.

LE DOCTEUR.

Ah ! cessez d'y prétendre.
Plutôt que d'être à toi,
J'aimerois mieux me pendre.

QUATUOR.

LISE & LINDOR.	LE DOCTEUR.	JACQUELINE.
Soyez plus raisonable.	Ah ! race abominable !	Soyez plus raisonnable;
Soyez moins intraitable.	Après un tour semblable,	Soyez moins intraitable :
Malgré tout son courroux,	Dans mon juste courroux	Calmez votre courroux,
Aimons-nous toujours, aimons-nous.	Au Diable je vous donne tous.	Et n'allez plus au rendez-vous.

FIN.

APPROBATION.

J'AI lû, par ordre de Monseigneur le Chancelier, le *Maître en Droit*, Opera-Comique, faisant partie du Nouveau Théâtre de la Foire, & je crois que l'on peut en permettre la représentation & l'impression. A Paris ce 23 Juillet 1760. CRÉBILLON.

Le Privilége & l'Enregistrement se trouvent au nouveau Théâtre de la Foire.

Catalogue de *Musiques nouvelles relatives aux Pieces de Théâtres & autres.*

L'Amusement des Dames, ou Recueil de Menuets, Contre-Danses, Vaudevilles, Rondes de Table, 10 Parties, 12 l.
La Toilette de Vénus dressée par l'Amour, contenant des Menuets, Contre-Danses, Vaudevilles, 10 Parties, 12 l.
Le Passe-tems agréable & divertissant, Vaudevilles, Rondes de Table, Duo Brunettes & autres, 10 Parties, 12 l.
Les Desserts des petits Soupers de Madame de .. 10 Parties, 12 l.
L'Année Musicale, contenant un Recueil de jolis Airs, Parodies, en 20 Parties, formant 2 vol. *in*-8°. 24 l.
Les mille & une Bagatelles en 28 Parties, 33 l. 12 s.
Les Thémiréides, ou Recueil d'Airs à Thémire, 3 Parties, par M. l'Abbé de l'Attaignant, 3 l 12 s.
Amusemens champêtres, ou les Aventures de Cythere, Chansons nouvelles à danser, 2 Parties, 2 l. 8 s.
Recueils d'Airs & Menuets, Contre-Danses, Parodies chantés sur les Théâtres de l'Académie Royale de Musique, & de l'Opera-Com. 17 Parties, chaque Partie se vend séparément, 1 l. 4 s.
Recueil de Menuets, Contre Danses & Vaudevilles chantés aux Comédies Françoise & Italienne, 13 parties. 15 l. 12 s.
Le Troc, Parodie des Troqueurs, avec toute la Musique, 3 l. 12 s.
Airs choisis des Troqueurs, 1 l. 4 s.
Ariettes du Médecin d'Amour, 2 l. 8 s.
Ariettes de l'Heureux Déguisement, 2 l. 8 s.
La Musique de la Pipée, 1 l. 10 s.
Ariettes de Blaise le Savetier, 1 l. 4 s.
Ariettes du Maître en Droit, 1 l. 4 s.
Ariettes de l'Yvrogne corrigé, 1 l. 4 s.
Un Recueil de Chansons de Vadé, noté. 1 l. 4 s.
Le Dessert des petits Soupers agréables, ou le Postillon sans chagrin, 1 l. 4 s.
Ariettes de la Bohemienne de la Comédie Italienne, 2 parties. 3 l 12 s.
Airs choisis de la Bohemienne de l'Opera Comique, 1 l. 4 s.
Ariettes du Chinois, 2 l. 8 s.
La Musique de la Fille mal gardée, 1 l. 16 s.
Vaudevilles & Ariettes des Indes dansantes, 1 l. 4 s.
Vaudevilles & Ariettes de Raton & Rosette, 1 l. 10 s.
Vaudevilles d'Omphale, & de Bastien & Bastienne, 1 l. 4 s.
Ariettes de Ninette à la Cour, 4 parties. 6 l. 18 s.
Musique de la Soirée des Boulevards, 1 l. 4. s.
Vaudevilles & Ariettes du Ballet des Savoyards, 1 l. 4 s.
La Folie du jour, ou les Portraits à la Mode, Vaudeville & Contre-Danse, 12 s.
Musique des Airs d'Acajou. 2 l. 8 s.
Musique des Nymphes de Diane, 2 l. 8 s.
Musique de Cythere assiegé, 1 l. 16 s.
Menuets nouveaux en Concerto, Contre-Danses, 4 parties, 4 l. 16 s.
Les Loix de l'Amour, ou Recueil de différents Airs, 3 parties, 3 l. 12 s.
Amusemens en Duo pour les Vielles, Musettes, Haut-bois, Violons, Flutes, en 6 parties, 7 l. 4 s.
Cantatille nouvelle des Talens à la mode, de M. de Boissi. 1 l. 4 s.
Choix de différents morceaux de Musique, 2 parties, 2 l. 8 s.
L'Yvrogne corrigé en partition, in fol. 9 liv.

www.ingramcontent.com/pod-product-compliance
Ingram Content Group UK Ltd.
Pitfield, Milton Keynes, MK11 3LW, UK
UKHW020349250726
13967UKWH00005B/2198